Da STEF... M...

A NONNA

*Ai miei cari nipotini Emily,
Thomas, Tabitha, Constance*

## Libri del Cuore

***In questa collana:***

Per un Papà molto speciale
Per una Mamma molto speciale
Per un Amico molto speciale
Per un Amore molto speciale
Per una Figlia molto speciale
Per un Figlio molto speciale
Per una Nonna molto speciale
Per un Nonno molto speciale
Per una Nipote molto speciale
È arrivata la Cicogna
Auguri di ogni Felicità
Buon Natale!
Per un Marito molto speciale
Per una Moglie molto speciale
Felice Anniversario
Per una Sorella molto speciale
Per un Insegnante molto speciale
Per un Nipote molto speciale
Per un Matrimonio molto speciale
Per un Fratello molto speciale
Per una Zia molto speciale
Per una Suocera molto speciale
Per i tuoi momenti difficili
Per un'Amica molto speciale
Per un Compleanno molto speciale


Via Jucker, 28 - Legnano (MI) Italia
Titolo originale: *To a very special Grandmother*
Illustrazioni di *Juliette Clarke*
Traduzione dall'inglese di *Stefania Sibilio*


www.edicart.it

# Per una NONNA molto speciale

Scritto da Pam Brown
Illustrazioni di Juliette Clarke
a cura di Helen Exley

Nessuno si diverte
più di una nonna sullo scivolo...

HELEN EXLEY®
EDICART

Le nonne sono le più brave
a mantenere i segreti.

Le nonne nello spirito hanno
circa vent'anni. A volte sei.

Le nonne non si limitano
a dire "Che bello!":
barcollano, indietreggiano,
roteano gli occhi, sollevano
le mani e sorridono.
In più... ti rimborsano
tutti i soldi che hai speso.

# Com'è una nonna?

Le nonne adorano ascoltare il
respiro dei loro nipotini al telefono...

Le nonne sono fatte per stringerti tra le
braccia e avvolgerti, come un piumone.

Le nonne mangiano tutto quello che cucini
e dicono che è delizioso, anche se era
un po' stopposo e terribilmente unto.
Penso che siano dotate
di stomaci speciali.

Le nonne sono brave a sedersi
sul pavimento a giocare, anche se hanno
tremende difficoltà a rialzarsi.

Le nonne hanno borsette senza fondo.

Le nonne portano i fiori
quando il tuo cagnolino muore.
E si siedono a piangere con te.

Le nonne cantano in maniera stonata,
ma piacevole.

Le nonne "rubano" per te
la ciliegina dalla torta.

Le nonne fanno a gara con te
a chi arriva prima al lampione...
poi si siedono su un muretto
e diventano di una divertente tonalità di giallo.

Una nonna sta sempre al gioco e finge
che tu possa offrirle una tazza di tè
facendola passare per il filo del telefono.

Una nonna impara a mandare messaggini per
sapere come stai.

Le nonne sono davvero sinceramente
addolorate per la tua rana morta.

Le nonne hanno piedi vecchi e cuori giovani.

Tutte le nonne amano le lettere. Anche se consistono in uno scarabocchio.

Mia nonna è brava ad arrampicarsi sulle scale a pioli. Se glielo lasci fare con calma... e non spingi.

Le nonne sanno cosa c'era prima che ci fossi tu.

Le nonne resistono ai tiranni.
È per questo che tutto il mondo è sopravvissuto.

Tutti hanno bisogno di una nonna.

Specialmente io.

# Diventare nonna

Credevi di avere dimenticato come si tiene un neonato, ma le tue braccia se lo ricordano bene.

Un giorno crediamo, finalmente, di essere sfuggite ai legami imposti dai figli, ai loro guai, alle loro richieste... e poi avvertiamo un piccolo strattone e ci sentiamo vincolate, ancora di più, ai bisogni dei nostri nipoti. E al loro amore.

Hai fatto appena in tempo a portare in solaio l'ultimo orso di peluche che è già ora di portarlo giù di nuovo.

Cosa si prova a essere nonna?
Una sensazione un po' strana?
Sembra incredibile che la tua bambina sia seduta lì con il suo bambino. È una sensazione bellissima: una sorta di premio di anzianità.

Quei sussulti di meraviglia, quegli urletti di piacere, quei sospiri di delizia persi ormai da tanto tempo, da quando i tuoi bambini sono cresciuti, diventati saggi e aperti al mondo, ti vengono improvvisamente restituiti dai tuoi nipoti.
Quelle che sembrano le stesse piccole mani si aggrappano alle tue, trascinandoti da un'eccitamento all'altro: "Guarda! Oh, guarda! Vieni nonna!".

Le mamme, quando sei piccolo, decidono quello che è meglio per te. Le nonne decidono quello che è più divertente.

# Nonne e nipoti:
# amici speciali

Nonne e bambini affrontano
la vita giorno per giorno.

Nonne e nipoti amano fermarsi
a guardare le farfalle e a parlare con i gatti.

Nonne e nipoti in procinto
d'uscire sembrano sempre
confabulare qualcosa che
non promette niente di buono...

Le figlie dovrebbero sempre far finta
di non vedere i cenni che si scambiano
nonne e bambini. È meglio non sapere
cosa passa loro per la testa...

Le nonne trasferiscono le verdure
di troppo dal tuo piatto al loro.

Le nonne non sempre sono d'accordo
con le mamme, ma fanno di tutto
perché cambino idea almeno un pochino.

# Cosa rende speciale una nonna?

Le nonne speciali ti lasciano raccontare tutta la trama del film che anche loro hanno visto la sera prima in televisione.
E sono abili a mostrarsi divertite.

Le nonne normali fingono di mangiare i biscotti vecchi che offri loro. Le nonne speciali li mangiano davvero.

Una nonna speciale non si arrabbia se ti intrufoli nel suo letto alle due di notte.
Finché non inizi ad agitarti e a contorcerti.

Anche le migliori tra le nonne sono soggette a usare un linguaggio del tutto inaspettato, quando ti metti ad ascoltare musica a tutto volume alle cinque del mattino.

Una nonna speciale non ti bacia mai, a meno che tu non voglia che lei lo faccia.

Le nonne devono conoscere le storie.
Storie scritte sui libri e storie su tua madre, quando era giovane.
Storie di Quando Ero Una Ragazza Io.
Storie sulla cui veridicità non si può mai esser certi.
Storie che sono Assolutamente Vere, Lo Giuro, Che Possa Morire All'Istante.

Le nonne devono conoscere le rime.
Le nonne devono conoscere i nomi di ogni pianta, ogni albero, ogni uccello, ogni insetto, ogni animale e stranezze e prodigi riguardo a ognuno di essi.

Le nonne devono essere in grado di disegnare case e cani e mamme e papà e Te. E le nonne devono essere sensibili e gentili e giuste e comprensive.

Le nonne insegnano le frazioni meglio di chiunque altro. Usano tavolette di cioccolato. E quando hai finito, ti lasciano mangiare le somme.

Le nonne sono comprensive riguardo all'impossibilità di fare un po' di compiti, tranne poi mostrarti, con molta tranquillità e perizia, che la cosa non è affatto impossibile.

# La maestra migliore

Cara nonna, grazie per avermi insegnato a fare i nodi e a fare la ruota. A preparare il tè e a piantare un albero. L'astrologia e la cura dei gatti. Grazie per avermi fatto conoscere Mozart, Scott Joplin e i Beatles, Van Gogh e Degas e Picasso, Charlie Chaplin e Cary Grant. Grazie per avermi insegnato le regole del tennis. I passi della polka. Le ossa del corpo umano. Il poker e la briscola. Il codice Morse. Il semaforo. Perché un aereo si mantiene in aria. Le abitudini degli scoiattoli. La scala Beaufort. Come dare un bacio alla francese. Papaveri e peonie e il valore di un buon terriccio. Martin Luther King. Come cavarsela se le ruote slittano. Il coltello o la forchetta giusti da usare. Hai voluto insegnarmi tutto quello che avrebbe potuto aiutarmi nella vita, anche le cose più piccole.

# Che sorpresa diventare nonna!

Diventare nonna è una cosa meravigliosa.
Un momento prima sei soltanto una mamma.
E un momento dopo sei diventata saggia.

Preparati. Prima di quanto credi, ti chiederà
Com'era La Vita Quando Eri Giovane Tu,
per la sua ricerca di storia.

Intelligente, spiritosa, competente, esperta.
Una signora molto in gamba. Soprattutto
quando sei seduta sul pavimento con incollato
ai capelli un ornamento indiano di piume.

Una moglie adorabile. Una madre meravigliosa.
E ora una splendida nonna.

Quando tutto sembra cadere sotto il peso degli anni e ti senti pronta per il deposito dei rottami, ecco che arrivano i nipotini e ti riconsegnano la tua giovinezza in una scatola fantastica. Forza, nonna, alzati in piedi: stai per cominciare tutto da capo!

Le nonne non si accorgono di essere diventate vecchie, finché i loro nipoti non le sottopongono a una dettagliata ispezione. Avendo attentamente osservato rughe, baffetti, macchie scure, capelli grigi, venuzze blu e mascelle cascanti, commentano con enorme gentilezza: "Tu sei molto vecchia, nonna, non è vero?". Quando, naturalmente, è arrivato il momento di ammetterlo.

# IN FORMA! MODERNA! GIOVANILE!

Tu sei tutto quello che non erano le nonne dei vecchi libri per bambini. Niente guanti senza dita. Niente scialle. Pochissimi capelli bianchi. Un certo gusto per il trasgressivo.
Il desiderio di avventura... Grazie al cielo!

Non ti ha detto nessuno che, ora che sei diventata nonna, sei tenuta a invecchiare? Naturalmente no.

Nessuno si diverte su uno scivolo più di una nonna.

I nipoti ritengono sorprendente che le nonne possano avere la pelle avvizzita e le ossa così fragili, quando è ovvio che, come spirito, hanno la loro stessa età.

Quale membro della tua famiglia sa camminare, parlare, cucinare, fare, amare meglio di chiunque altro? La nonna.

Tu sei per noi come un modello Di Lusso. Al Massimo Delle Prestazioni, nonna. Lo stesso interno, un cuore eccellente, ma un design assolutamente migliore: sei tanto confortevole!

È sorprendente come, di notte, una tranquilla e matura signora sia in grado di imparare a sedersi sul pavimento nella posizione del loto e suonare un tamburo di latta, schiamazzare come una papera, cantare tutti i versi di *Ten Green Bottles*, fare fiori di carta, disegnare tigri del Bengala e cucire le orecchie di un orso di peluche gravemente ferito.

È difficile essere nonna. Una donna raggiunge questa posizione esattamente quando si è guadagnata una certa serenità avendo già affrontato colpe e fallimenti. Proprio allora vede la propria figlia che si avvia verso una vita altrettanto piena di colpe e fallimenti, e non deve interferire. Soltanto essere presente. Soltanto offrire quello che ha imparato. Tranquillamente e senza mai imporsi.

# Nonne e mamme

Mi immagino una nonna dei tempi prima della televisione, ferma a guardare sua figlia comportarsi con la sua bambina in modo risoluto, mentre si morde la lingua sperando che sappia quello che sta facendo. E una nonna medievale. E una signora con addosso una pelliccia puzzolente e una collana di denti. Gli uccelli se la cavano così bene, facendo tutto nella stessa identica maniera in cui lo hanno sempre fatto i loro predecessori, senza che nelle vicinanze ci sia una nonna coperta di piume che esprime riprovazione. Suppongo che sia questa una parte del prezzo da pagare per appartenere al genere umano... altri 40 anni, e questa piccolina rossa in volto starà al mio posto, guardando la sua bambina con uguale rispetto e moderato allarme.

A volte, i genitori sono convinti che i figli siano Difficili e Impossibili. Aiuta molto avere qualche ruga di saggezza per ricordare loro quanto Difficili e Impossibili erano loro stessi.

# Grazie, nonna

Grazie per quella volta in cui sei stata così comprensiva, quando mi lamentavo di come la mia nuova scuola fosse orrenda, anche se in cuor tuo ricordavi che avevo avuto la stessa reazione per quella precedente.
Grazie per essere stata al mio fianco quando ti raccontavo tutto della terribile Patrizia... anche se tu non avevi mai pensato che fosse così.
Grazie per avermi confessato che anche tu odiavi la zucca e gli spinaci, quando avevi la mia età. Grazie per avermi aiutato a dare degna sepoltura cantando al pesce rosso.
Grazie per avere convinto i miei genitori che davvero Sarei Cresciuta grazie a quell'Esperienza.

Cara nonna. Grazie per avermi mostrato che sono di vitale importanza per la specie umana.
Grazie per avermi mostrato che gli antenati erano persone proprio come me e che al mondo siamo tutti imparentati. Grazie per essere la mia nonna e la mia migliore amica.

Grazie, nonna, per non volere sempre che io faccia la cosa più giudiziosa.

Non ti ringrazierò mai abbastanza per far sentire a ognuno di noi che abbiamo un valore speciale...

Le nonne stanno ad ascoltare quando nessun altro lo vuole fare.

Le nonne sono nella posizione di dire: "Non preoccuparti, amore. Passerà. Davvero".

Quello che rende una nonna speciale è che lei è sempre lì per noi. Sempre.

# Saggia e gentile

Le nonne si presentano in dozzine di forme, fasci di rughe, linguaggi, vestiti, pelli e stadi di degenerazione. Ma tutte, nel cuore, hanno esattamente lo stesso amore.

Le nonne sono molto brave a raccogliere i pezzi di qualcosa che abbiamo rotto e che ci sembra impossibile riparare e ad aggiustarlo.

Le nonne sono soddisfatte di superare ostacoli e permettere che la vita continui.

Le nonne hanno separato quello che è importante da quello che non lo è.

Le nonne ti danno un senso della proporzione.

Cara nonna, vorrei avere il tuo sorriso gentile e le tue dolci mani. Vorrei avere la tua forza.

Vorrei che ogni bambino spaventato, solo, malato, confuso avesse una nonna per potersi rifugiare tra le sue braccia.

Amo tenere le tue mani tra le mie, nonna. Mi riportano indietro, al tempo in cui io non c'ero ancora. Mi proteggono dal mondo esterno. Mi rassicurano del mio valore.

Le nonne conservano nella memoria un
mondo che tu non hai mai conosciuto.
E te lo offrono, affinché tu lo metta da parte, insieme ai tuoi ricordi personali, per tramandarlo a tua volta ai tuoi nipotini.
Trattalo con cura.

"Ama e sii amato" dicono le nonne. "Impara a fare poche cose tanto bene quanto basta per soddisfare il tuo cuore; guarda attentamente intorno a te, ascolta. Perché siamo destinati a questa terra soltanto per un brevissimo lasso di tempo."

Sei la fonte delle storie. Sei il legame con il passato. Hai visto e sentito e toccato cose che sono svanite prima che la mia mamma, il mio papà e io nascessimo. Appartieni a un mondo da molto tempo perduto, un mondo d'altri tempi, a te così familiare quanto lo è questo per me. E me lo dai come un dono.
Lo terrò con cura.
Darò questo mondo ai miei bambini ed essi lo daranno ai loro.